I0159593

PREDICAR

José Young

Ediciones Crecimiento Cristiano

© 1997 **Ediciones Crecimiento Cristiano**
Título: Predicar
Autor: Jose Young
Primera edición 1997
Reimpresion: 2006
I.S.B.N. 950–9596–62-0
Clasificación: Guía de estudio; capacitación; predicación
Diseño de Tapa: Ana Ruth Santacruz
Queda hecho el depósito que marca la ley 11.723.
Prohibida la reproducción total o parcial de este cuaderno
sin previa autorización escrita de los editores.

Impreso en los talleres de
Ediciones Crecimiento Cristiano
Córdoba 419 - Tel.: (0353) 4912450
5903 Villa Nueva, Cba.
Argentina

oficina@edicionescc.com
www.edicionescc.com

IMPRESO EN ARGENTINA
C5

Introducción

Tengo que confesar que el título de este cuaderno no es exacto. Me explico. Dios nos ha llamado a ser sus testigos. Para la mayoría, es el testimonio personal con un amigo, pariente o vecino, pero para otros, implica hablar delante de un *grupo* de personas.

Cómo hablamos depende de la situación. ¿Es una clase bíblica, una charla para jóvenes, una reunión de evangelización, una reunión casera? Son situaciones muy diferentes y aunque muchas veces incluimos todas bajo la palabra "predicación", necesitamos distinguirlas.

Tal vez un título mejor hubiera sido "comunicar". Dios nos ha dado algo que queremos transmitir a otros. Queremos informar, o exhortar, o capacitar, o...

En pocas palabras, el propósito de este cuaderno es: Ayudar a todos los que necesitan comunicarse con un grupo.

Por su propia naturaleza, el tema requiere que inviertan tiempo en estudiar y practicar juntos. Tal como "se aprende a escribir, escribiendo", se aprende a hablar, hablando. Además del tema de cada estudio, necesitan apartar un tiempo para la práctica. Por esta razón cada lección facilmente puede requerir dos horas de reunión o más de una sesión.

Lecciones

A continuación, en forma de bosquejo, se encuentra el camino que vamos a seguir con esta serie de lecciones.

1 - El mensaje: su contenido y relevancia

Aunque puede haber una gran variedad de situaciones donde hablamos frente a grupos, hay ciertas pautas que igualmente debemos observar. Vamos a pensar en una serie de ellas.

Tener algo que decir

¿Parece obvio? Lamentablemente, no lo es. Me explico con un ejemplo.

Cuando recién comencé la vida cristiana, me invitaron a hablar en una pequeña iglesia fuera de la ciudad. Un poco antes había leído en Colosenses algo que me impresionó y preparé una corta charla sobre ese pasaje. Les gustó.

Me invitaron una segunda vez. Pero yo no sabía qué decir. Entonces, en la desesperación, repetí unas ideas de segunda mano que había escuchado de otro. Cayeron como plomo. Realmente, no tenía nada que decir y ellos se dieron cuenta.

La primera regla para hablar en público es tener algo que decir. Algo propio, algo que siento, algo que he pensado. Puede ser:

* un concepto que me impresionó de las Escrituras.
* una idea basada en algo que leí en el periódico, o escuché de otra persona.
* una necesidad que, creo, tienen los oyentes.

Pero tiene que ser algo que *siento*. *Quiero* hablar de eso...*necesito* hablar de eso.

Es posible comprar libros o bosquejos de sermones, pero no lo recomiendo. Porque son de "segunda mano". Difícilmente los podemos incorporar a nosotros mismos para que sean "nuestros".

En un sentido, estoy hablando de la integridad. Nuestra tarea no es "predicar sermones", sino testificar de la verdad. Note, por ejemplo, la actitud de Pablo en 2 Corintios 2:17 y 4:2.

1 / Describa en sus propias palabras como vio Pablo su tarea como predicador. ¿Cómo describe usted su actitud?

Un viejo predicador dijo que un buen mensaje tiene tres elementos: veracidad, claridad y entusiasmo. Entusiasmo porque estoy convencido, porque me siento comprometido con mi mensaje. De otro modo, el peligro es ser hipócrita. Es decir, predicar algo que no siento verdaderamente, algo que no es mío sino ajeno; es "decir un sermón" en vez de compartir la verdad.

2 / ¿Usted ha sentido esta diferencia en mensajes que ha escuchado... o en los suyos propios? ¿Puede dar un ejemplo?

Ser relevante

Cuando toco los intereses de la gente, soy relevante. Digo algo que les interesa, que les preocupa, que tiene que ver con su propio mundo.

Mi responsabilidad no es traer algo "interesante" al grupo, porque esa no es la tarea que nos encomendó Dios.

3 / Según los siguientes pasajes, ¿cuál es, entonces, esa tarea? Mateo 28:20; Colosenses 1:28; 1 Timoteo 4:6, 11; 2 Timoteo 2:2, 15.

Hace poco en la iglesia de un pueblo escuché el mensaje de un profesional. Fue muy apropiado para profesionales... pero poco relevante para la gente de ese pueblo. Una charla, un sermón o un estudio no vale si no llega a la gente. Y todo lo que veremos en este cuaderno, de alguna manera, apunta en esa misma dirección: *llegar con la verdad de Dios.*

4/ Piense en los dos predicadores o maestros que más le gustan. *¿Por qué* le gustan? ¿Qué tienen ellos que llegue mejor a usted que otros?

Un predicador dijo que tenemos dos historias que contar. *La primera* es el hecho fantástico de que Dios ha intervenido en la vida humana, con todo el drama y acción de una buena novela. Lea de nuevo 1 Juan 1:1–4 o Hebreos 1:1–3 para saborear la grandeza del evento.

La Palabra Eterna se hizo carne, llegó a ser como nosotros. Dios se reveló en el contexto de un ser humano.

En este sentido, nuestra tarea es hacer vivir las Escrituras, comunicarlas de tal forma que el grupo también pueda encontrarse con el Dios que se reveló.

La otra historia es la que Dios está escribiendo en cada uno de nosotros. Esta segunda historia es la nuestra. Mi conocimiento de Dios no es algo abstracto, sino que él se reveló a mí en una situación real, y está revelándose y actuando en mi vida desde ese momento. Lo que sé de Dios, y lo que he experimentado de él tiene sus raíces en *mi* historia.

Nuestro Señor es el mejor ejemplo de esto. El siempre hablaba de cosas tomadas de la vida diaria de la gente. Aun habló de sí mismo como pan, agua, puente, pastor. *Su verdad tiene sus raíces profundas en la vida de la gente.*

5/ A la luz de esto, ¿a qué conclusión nos llevan los siguientes pasajes? 2 Corintios 2:14, 15 y 3:3; 1 Timoteo 4:12.

6/ Alguien dijo que "el aspecto más importante de un sermón es la persona que lo predica". ¿Está de acuerdo? ¿Por qué?

Para ser relevantes, necesitamos tomar en cuenta esas dos dimensiones: la verdad de Dios revelada en Jesucristo y la verdad de Dios encarnada en nosotros mismos.

7/ ¿Cuáles serían cinco de las necesidades más comunes de la gente de su iglesia, necesidades que tienen una respuesta de parte de Dios?

  a)

  b)

  c)

  d)

  e)

8/ A la luz de lo que hemos visto hasta ahora, ¿qué objetivo puede tener una charla o estudio que responde a las inquietudes de la pregunta anterior?

a)

b)

c)

d)

e)

Tarea para la próxima sesión

Tendrán que administrar bien el tiempo de práctica, especialmente si el grupo es grande. Tal vez solamente una parte del grupo debe "practicar" en cada sesión o, como alternativa, se pueden dividir en grupos más pequeños.

Al final de cada lección, daremos las pautas para la práctica que será presentada en la próxima sesión del grupo.

Para la práctica de la lección siguiente deberá preparar una charla de *no más de cinco minutos* sobre "el día más importante de mi vida". Por supuesto apenas hemos comenzado a estudiar este cuaderno, sin embargo, trate de aplicar lo mejor que pueda las pautas que hasta aquí hemos mencionado.

Destaco *solamente* cinco minutos. Normalmente, con este tema (el día más importante de mi vida), es mucho más fácil hablar quince minutos que cinco. Pero la disciplina de ser cortos es necesaria. Así aprendemos a ser ordenados y precisos. Inténtelo.

2 - El mensaje: claridad

Pablo dijo:

...si no usan su lengua para pronunciar palabras que se puedan entender, ¿cómo va a saberse lo que están diciendo? ¡Le estarán hablando al aire! (1 Corintios 14:9)

Sin claridad, aun la idea más brillante no sirve de nada. Hay por lo menos cuatro facetas que debemos tomar en cuenta si queremos lograr claridad.

1 Tener *un* tema específico.

Necesitamos enfrentar la realidad cruel: nuestros oyentes olvidan pronto todo lo que decimos. ¿Recuerda usted el sermón de hace un mes? Con excepción del caso de algún orador realmente excepcional, lo máximo que recordamos de una charla es el 10%... y ese porcentaje pequeño tiene una vida corta.

Antes de hablar, siempre debe ser posible escribir una frase muy corta que comienza: "La esencia de lo que voy a decir es..." Y después de la reunión, debe ser posible preguntar a un miembro del grupo "¿De qué se trató el sermón?" y recibir una respuesta simple y clara.

Si no puede reducir el contenido del mensaje a un tema principal, entonces lo mejor sería pensarlo de nuevo. De esto hablaremos más adelante.

1/ A continuación hemos anotado tres pasajes bíblicos. En cada caso, escriba lo que para usted sería el tema principal de una charla sobre ese pasaje. (Cuidado con los subtítulos en su Biblia, que no siempre anuncian el tema central.)
a) 1 Corintios 3:18–23

b) 2 Corintios 2:14–17

c) Efesios 5:8–14

2 Tener una meta clara.

Más de una vez he escuchado sermones donde el predicador habló de una forma admirable, pero cuando terminó, me quedé con la pregunta "¿Y... qué?"

Nosotros tenemos la tarea de cambiar vidas (Colosenses 1:28). Esto implica que ninguno "pelea como si estuviera dando golpes al aire" (1 Corintios 9:26), sino que dirige su mensaje hacia una meta específica.

Se puede hablar de tres clases de metas dentro de un mensaje, estudio o sermón.

La primera meta es el *contenido*. Hay algo que quiero dejar en claro que pienso que ellos necesitan de la verdad de Dios. Por ejemplo, quiero explicarles que la salvación tiene un aspecto pasado, presente y futuro. O que Jesús nunca condenó a los que consideramos "pecadores" sino solamente a los religiosos. Esa verdad que quiero comunicar es el *contenido*. Normalmente el contenido corresponde al tema principal que vimos anteriormente.

Siempre debe haber una relación transparente entre:

* la base bíblica que utilizo.
* el tema principal de ese pasaje.
* la verdad central que deseo comunicar.

Porque el arma del Espíritu es la Palabra (Efesios 6:7); no son mis pensamientos los que convencen, sino mi capacidad de comunicar los pensamientos de Dios.

La segunda clase de meta es la *aplicación*, un tema muy relacionado con la "relevancia" que vimos en el estudio anterior.

¿Qué es una meta de *aplicación*? Es demostrar cómo la base bíblica (pasaje bíblico) y la verdad central que deseo comunicar tienen relación con sus vidas. La Biblia no es "doctrina para comprender" sino "verdad para vivir".

Puede ser que lo demostremos con una parábola (cuento), o con una experiencia propia, o con algo que hemos observado en otros. Pero sea como quiera, deseamos comunicarles que esta verdad tiene implicancias importantes en la vida real.

¿Cómo es una meta de aplicación? Doy algunos ejemplos:

• Quiero que se den cuenta que no solamente los pastores y ancianos son responsables por la salud de la iglesia, sino que todos los miembros son responsables los unos por los otros.

• Quiero que reconozcan cómo las críticas y chismes hacen un gran daño a la iglesia.

• Quiero que se den cuenta que un área de desobediencia en nuestra vida es suficiente para impedir la obra de Dios en nosotros.

Todavía nos queda definir una meta más, pero antes hagamos un ejercicio.

2/ Utilizando los tres pasajes de la primera pregunta, indique cuál puede ser la meta de aplicación en cada caso.

a)

b)

c)

La tercera clase de meta es la *respuesta* que esperamos del grupo. Hemos compartido algo de la verdad de Dios, y hemos demostrado que es aplicable a nuestras vidas. Dios puede utilizarlo para crear inquietudes en el grupo. Pero ¿qué esperamos que hagan? En este sentido, un buen sermón o estudio es siempre un diálogo. Uno se da cuenta cuando una persona del grupo sonríe, u otro hace un movimiento de afirmación con la cabeza, o una expresión de preocupación. Si mi mensaje es relevante, el grupo responde. Pero al final de cuentas, el mensaje mismo, si es efectivo, ha de llevarlos a la acción. Unos ejemplos pueden ser (relacionados con las tres "metas de aplicación arriba):

Si su hermano tiene una necesidad, que trate de solucionarla él mismo antes de buscar al pastor.

Que reconozca y busque soluciones para los aspectos de su hogar que no están de acuerdo con la Palabra.

Que comience a pensar antes de hablar.

3/ De nuevo, en base a los tres pasajes de la pregunta anterior, indique una posible meta de *respuesta* para cada uno.

a) 1 Corintios 3:18–23

b) 2 Corintios 2:14–17

c) Efesios 5:8–14

Esta tarea probablemente ha sido difícil para usted, porque no estamos acostumbrados a definir metas. Preparamos un "tema interesante" sin tomar el tiempo para pensar si realmente es relevante para el grupo. No olvide que si desea dar en el blanco, tendrá que definirlo primero.

3 Tener orden.

Si digo: "es la sin orden buena imposible comunicación" tal vez pueda descifrar el mensaje. Pero es un ejemplo simple de la realidad: "la buena comunicación es imposible sin orden".

Cuando hablamos de orden en un mensaje, necesitamos hablar de bosquejos. Porque un bosquejo es simplemente una ayuda para ordenar el pensamiento. Aquí dos ejemplos sobre Juan 3:16. El primero es "analítico", es decir, analiza el *pasaje*. Describe en forma bosquejada el contenido del pasaje. El segundo es "temático", es decir, toma un tema principal del pasaje y bosqueja los aspectos principales de ese pasaje relacionados con el tema. En este caso, el bosquejo se hace en base al tema "vida eterna".

Ejemplo 1 (analítico)

1 – Dios dio su Hijo único
porque ama al mundo
porque no quiere que se pierda la gente
porque desea que todos tengan vida eterna
2 – Todos los que creen en Cristo
no se perderán
tendrán vida eterna

Ejemplo 2 (temático)

1 – Dios es quien da vida eterna
2 – El amor de Dios es la fuente de vida eterna
3 – El Hijo de Dios es el medio de recibir la vida eterna
4 – Quien cree en Cristo tiene vida eterna.

Note que el bosquejo logra dos cosas: indica cuáles son las ideas principales del mensaje y las presenta en una secuencia lógica.

4/ Haga un bosquejo (analítico o temático) de Marcos 1:15.

Por supuesto, los ejemplos que vimos son muy sencillos. Los pasajes que tratamos normalmente son más extensos. De ahí viene la necesidad de leer y estudiar bien el pasaje para identificar sus ideas principales, y luego ordenarlas. Veamos el ejemplo de Juan 1:35–42.

Ejemplo 3 – El encuentro de Felipe con Jesús

1 – Felipe: dispuesto a seguir a Jesús
    a – era discípulo de Juan el bautista (vv. 35, 40)
    b – había pasado tiempo con Jesús (vv. 38, 39)
    c – estaba convencido de que Jesús era el Mesías (v. 41)
2 – Felipe: dispuesto a testificar de Jesús
    a – no podía guardar lo que encontró (v. 41)
    b – con gusto le dijo a su hermano Pedro que había encontrado al Mesías (v. 4)
    c – llevó a Pedro a Jesús (v. 47)

5/ Ensaye haciendo usted un bosquejo de Mr 4:35–41.

Conviene, siempre, antes de dar una charla o dirigir un estudio, pensar en las *metas* del mensaje y hacer un *bosquejo* para ordenar la progresión de ideas.

4 Lenguaje

Un mensaje claro exige un lenguaje claro, y sugiero que esa claridad tenga por lo menos tres dimensiones.

Estilo propio

Es decir, que no debo imitar a nadie. Es muy común en un Instituto Bíblico o aun en una iglesia, escuchar a jóvenes que predican igual a un maestro o un predicador famoso. Pero imitar su estilo de predicar no nos da su poder de predicación. El "poder" en la enseñanza y predicación no tiene nada que ver con el "estilo", sino con la integridad espiritual de la persona.

Lo auténtico –lo que más convence– es ser nosotros mismos. Cuando una persona cambia de personalidad al asumir el papel de maestro o predicador, huele a falsedad. Para comunicar las cosas de Dios tenemos que ser auténticos, transparentes, íntegros.

6/ En su propia experiencia:

a) ¿Ha escuchado predicadores o maestros que hablan de una manera en el púlpito y de otra con la gente?

b) ¿Usted hace lo mismo?

c) ¿Qué sugerencias prácticas puede dar para evitarlo?

No técnico

El peligro del mucho estudio es que comenzamos a hablar "en complicado". Es cierto que "el kerigma apostólico se concentró en la resurrección del logos", pero esa frase pasaría por encima de la cabeza de muchos oyentes sin comprenderla.

La regla es simple: evitar palabras griegas o hebreas; no usar palabras "técnicas" (propiciación, exhaltación, etc.) sin una explicación. Recién un predicador me dio un buen ejemplo de cómo no aplicar este principio. Dijo algo así:

Vamos a leer un pasaje de Deuteronomio que es, por supuesto, parte del Pentateuco.

Yo sé qué es el pentateuco, pero estoy seguro de que ni el 25% de los oyentes lo sabían.

Es importante que aprendamos a explicar las cosas profundas de Dios en un lenguaje accesible a todos. Si no podemos explicar algo en términos simples, no lo comprendemos todavía. El evangelio de Juan es el mejor ejemplo de una ponencia muy profunda, que a la vez utiliza un lenguaje simple.

7/ Hagamos un ejercicio. Dé una explicación de las siguientes palabras como si fuera para un chico de diez años.

    a) glorificar

    b) redención

c) santificación

d) tribulación

Sencillo

Cuidado de no confundir "sencillo" con "infantil". No debemos hablar a la gente como si fueran niños. Pero sí tenemos que pensar y repensar las palabras, los conceptos, la estructura de nuestro mensaje para estar seguros de su claridad.

Aquí entramos en un tema a veces polémico, pero sugiero que tenga y lea una versión moderna de la Biblia como la Versión Popular, especialmente para la gente con poca experiencia en las cosas de Dios, ya que tiene un lenguaje muy accesible. Tengo un amigo que habla como si fuera de la época "Reina Valera" en sus mensajes y suena como extranjero. La gente de hoy simplemente no habla de esa manera. Un ejemplo sencillo:

"No reine, pues, el pecado en vuestro cuerpo mortal, de modo que lo obedezcáis en sus concupiscencias." (Romanos 6:12, RV)

"Por lo tanto, no dejen ustedes que el pecado siga dominando en su cuerpo mortal y que los siga obligando a obedecer los deseos del cuerpo." (Romanos 6:12, VP)

Puede ser que en su iglesia no utilicen la Versión Popular, pero sugiero que en sus mensajes, usted *hable* en "versión popular".

8/ Hemos visto cuatro pautas que nos ayudan a comunicar con claridad. Dé su propio resumen de cada una:

a)

b)

c)

d)

Tarea próxima

Para la próxima sesión del grupo, la mayoría de nosotros necesitaremos trabajar sobre el tema "claridad". Apliquemos, entonces, las pautas de esta lección a 1 Corintios 10:11–13. Prepare para este pasaje:

◆ el tema principal
◆ las tres metas
● un bosquejo
● una lista de los términos (o ideas) que se debe explicar para los oyentes.

Práctica de la tarea anterior

Recuerden, al escuchar las charlas preparadas para esta sesión del grupo, que ellas deben durar un máximo de cinco minutos.

---

3 - El trabajo previo

Con esta lección vamos a comenzar a seguir los pasos de la preparación de un mensaje o estudio, pero antes es necesario sacarnos de en medio un "mito".

Cada tanto uno encuentra a hermanos que se apoyan en Marcos 13:11 para predicar "espontáneamente". Pero ese pasaje no da pautas para el predicador. Mas bien, según el contexto, nos da confianza para testificar de Cristo *cuando nos llevan presos delante de las autoridades*.

El lema para el maestro o predicador tiene que ser 2 Timoteo 2:15. Pablo, en ambas cartas a Timoteo, le exhorta a prepararse bien si va a ser útil a Dios. El Espíritu Santo puede superar nuestra ignorancia, pero es peligroso esperar que tolere nuestra pereza en prepararnos.

Otra aclaración previa: "La oración" no está incluída como paso. No puede ser "una parte" de nuestra preparación; tiene que ser el transfondo de todo.

1 / Por ejemplo, ¿cómo aplicamos 1 Corintios 2:11–13 a este tema?

Cuando tenemos el privilegio de compartir las cosas de Dios con otros, nuestro lema constante debe ser las palabras del Señor Jesús: "...*sin mí ustedes no pueden hacer nada*" (Juan 15:5).

Seleccionar pasaje(s)

Si su charla o estudio se basa en un pasaje bíblico, entonces la tarea es relativamente fácil. Pero muchas veces necesitamos desarrollar un tema de la vida o doctrina cristiana (paz, justificación, servicio, etc.) y necesitamos forjar la base bíblica.

Las dos herramientas necesarias son el *diccionario bíblico* y la *concordancia*. Recomendamos "El nuevo diccionario bíblico" (Ediciones

Certeza). Su precio no es tan accesible, pero toda persona que pretende comunicar a otros el mensaje debe hacer el sacrificio y adquirirlo. Es una inversión que se justifica y vale la pena, porque el diccionario bíblico no solamente ofrece definiciones claras de palabras y conceptos, sino también amplía el tema con historia, datos y contiene los principales pasajes bíblicos relacionados con cada tema.

La *concordancia* es para quienes no tienen una memoria perfecta. Por un lado, nos indica todos los pasajes (o los principales, si es la concordancia breve) donde se encuentra una palabra en particular. Por ejemplo, la Concordancia Breve da una lista de 32 pasajes donde se encuentra la palabra "honra" en la Biblia. También es útil cuando recordamos que hay un pasaje donde dice algo importante para nuestro tema, pero no nos acordamos dónde está. Buscando una de las palabras principales de ese pasaje en la concordancia muchas veces nos da la pista necesaria para encontrar la cita del pasaje.

De todos modos, la búsqueda debe llevarnos a uno o más pasajes bíblicos que nos dan la base para el tema que nos interesa. Porque en un sentido, no conviene hablar de un "tema", sino explorar lo que la Biblia dice acerca de un tema: diferencia sutil, pero importante. No buscamos en la Biblia para encontrar pasajes que apoyan nuestras ideas, sino al contrario, buscamos con la Biblia para *formar* nuestras ideas.

2/ Supongamos que tuviera que preparar una charla sobre los siguientes temas. ¿Qué pasaje (o pasajes) utilizaría en cada caso, y por qué *esos* pasajes y no otros?

a) ¿Por qué orar?

b) Llamados a ser santos.

c) El machismo.

d) La mentira.

Leer

La regla principal de la preparación es simple: leer el pasaje, leerlo de nuevo y de nuevo. Meditar en él. Piense en las palabras, ¿qué relación hay entre las ideas? Trate de ponerse en las sandalias del autor y preguntarse: "¿Qué quiere comunicarles a sus lectores con *este* pasaje? ¿Por qué lo escribió de esta manera?"

Conviene leer el pasaje en varias versiones de la Biblia. Por ejemplo, en una de las versiones más literales, como la Reina–Valera o Biblia de Jerusalén; una más moderna, como la Nueva Biblia Española; una versión más libre, como la Versión Popular; y aun conviene leerlo en la "Biblia al Día", que realmente no es una traducción, sino una paráfrasis. Piense en las *diferencias* entre estas versiones. ¿Qué partes del pasaje figuran igual o con el mismo enfoque?

3/ Busque a Hebreos 4:14–16, y léalo en la versión Reina–Valera (o Jerusalén) y también en la Versión Popular. ¿Encontró alguna diferencia significativa?

Cuando encontramos diferencias importantes, a veces una tercera versión lo aclara, a veces no. Generalmente la manera más segura de resolver las diferencias entre las traducciones es con un buen comentario bíblico, aunque muchos creyentes no disponen de él. Algunas iglesias tienen bibliotecas donde se puede consultar un comentario. O si no, conviene buscar a un hermano estudioso que nos pueda ayudar a aclarar el significado del pasaje.

De todos modos, estas diferencias de lenguaje entre una versión y otra sirven para enriquecer nuestra comprensión de un pasaje bíblico.

Examinar el contexto

La Palabra es la que cambia vidas, no nuestras palabras. Esto implica que si vamos a utilizar un pasaje, lo tenemos que comprender bien. Tenemos que estar seguros de que *nuestras* palabras realmente reflejen *la* Palabra.

Para comprender un pasaje en particular, necesitamos fijarnos en su contexto. Es decir, si estoy estudiando el v. 12 de un capítulo, el *contexto* de este versículo es: primero, los versículos anteriores y posteriores, luego todo el libro, y finalmente la Biblia entera.

Lo explico más detalladamente: necesito preguntarme varias cosas cuando estudio un pasaje:

* ¿Qué está diciendo el autor aquí? ¿Qué tiene que ver *este* pasaje, con su planteo en esta parte de su libro?
* ¿Cuál es el propósito de este libro (dentro de la Biblia), su argumento principal? ¿Dónde se ubica el pasaje que estoy estudiando en ese argumento?
* Este pasaje habla de un aspecto de nuestra fe, pero no es el único lugar (normalmente) donde la Biblia habla de ésto. ¿Cómo me ayuda el mensaje bíblico más amplio a comprender este pasaje corto que estoy estudiando?

Uno de los errores más comunes de los que compartimos la Palabra es sacar versículos y pasajes de su contexto. Generalmente es por ignorancia, pero muchas veces de esa forma hacemos decir a la Biblia algo que realmente no dice.

Vamos a hacer un ejercicio. Le doy una ilustración basada en Hebreos 2:14–16, y usted tiene que hacer algo parecido con Hebreos 10:11–14. Dos pasajes semejantes en algunos aspectos, sin embargo, con énfasis diferentes.

4/ Piense en el contexto de Hebreos 10:12–14, y anote sus conclusiones.

Hebreos 2:14–16	**Hebreos 10:11–14**
El pasaje completo (vv. 5–18) muestra el deseo de Dios de que tengamos parte en su gloria (v. 10). Es por esta razón que Jesús se hizo hombre; para acercarse, librarnos, ayudarnos. Subraya cómo se identificó con nosotros.	

Palabras y conceptos difíciles

Ya trabajamos sobre este tema en la lección anterior. Pero es tan importante, que voy a subrayarlo de nuevo. Nuestra tarea, como predicadores, no es impresionar a la gente con cuánto sabemos. Si el fruto de nuestro estudio no es la sencillez, entonces no comprendemos el tema con suficiente claridad como para predicarlo. Como rezan dos proverbios caseros:

Si *predicas a los eruditos,*
algunos eruditos te comprenderán;
Si *predicas para los sencillos,*
todos *te comprenderán.*

Si *quieres que la gente te entienda,*
Habla Versión Popular en vez de Reina–Valera.

Encontrar la idea central

Necesitamos buscar la idea central de los pasajes (y de lo que pensamos comunicar) para que sea la regla que nos guíe en nuestra preparación.

Si la idea clave está clara para nosotros, entonces hay más probabilidad de que nuestra presentación sea clara para el grupo que nos escucha. Pero *tiene* que haber acuerdo entre la idea central de los pasajes que ha seleccionado y el tema que piensa preparar. Si los dos no concuerdan, entonces hay que cambiar de tema o buscar otros pasajes. *Nunca* debe utilizar un pasaje para sostener verdades que realmente no salen de él.

Si somos realistas, nos daremos cuenta de que nos olvidamos de casi todo lo que nos dicen desde el púlpito o en una clase. Cuanto más, entonces, necesitamos estar seguros de que la idea central es tan obvia que los oyentes no la van a olvidar.

5/ Busquemos, en los dos pasajes de prueba (pregunta 4), la idea central. Debe ser breve y concisa.

Hebreos 2:14–16
Jesús vino como hombre
para librarnos.

Hebreos 10:11–14

Seleccionar y ordenar

Seguramente, si ha leído estos pasajes y ha meditado sobre ellos, ha encontrado muchas ideas importantes para compartir. Ya hemos trabajado con bosquejos en la lección anterior, pero hay otro aspecto clave.

Entre las muchas cosas "importantes" que podríamos decir sobre un pasaje, necesitamos eliminar esos conceptos que nos gustan, o que son interesantes, pero que realmente no ayudan a desarrollar la idea central. Todo lo que no lleva hacia una comprensión de su propósito, distrae y disminuye el impacto del mensaje o estudio.

Normalmente, la manera más fácil de ordenar su mensaje o estudio es seguir el orden natural del pasaje(s), utilizar un bosquejo "analítico" en vez de "temático" (lección 2).

6/ Hagamos de nuevo un ejercicio con los pasajes de prueba. Anote, en forma ordenada, las ideas del pasaje que pueden servir como puntos principales para una charla o estudio.

Hebreos 2:14–16
Jesús se hizo como nosotros.
Su muerte venció a Satanás.
Nos libra del temor a la
muerte.
Vino para ayudarnos.

Hebreos 10:11–14

Hasta ahora, hemos enfocado la atención en nuestra propia comprensión del pasaje o tema porque, lógicamente, el mensaje tiene que ser mío antes de que esté en condiciones de comunicarlo a otros. En el próximo estudio nos abocaremos de lleno a la presentación del mensaje.

Tarea para la próxima sesión

Siguiendo las pautas principales de esta lección, prepare para la próxima sesión del grupo el tema: "Dios nos llama a crecer".
Seleccionar pasaje(s)
Leer
Examinar el contexto
Encontrar idea central
Ordenar

Práctica de la tarea anterior

Conviene, si es posible, que utilicen un pizarrón para esta tarea para que todos los miembros del grupo puedan ver los resultados.

4 - El comienzo y la conclusión

Para muchas personas, las partes más difíciles de una charla son el comienzo y el final. Y, por supuesto, si comenzamos mal y terminamos mal, ¡eso es justamente lo que recordará la gente!

Comenzar

El predicar y la TV tienen algo en común: si no se logra llamar la atención del oyente dentro de los primeros minutos, éste cambia de canal. Y tengo que confesar que más de una vez cuando estoy mirando al predicador, realmente estoy pensando en otra cosa.

¿Cómo comenzar? Pues, la introducción debe ser una flecha (corta) que apunta a lo que se piensa decir. Es como un cartel en el camino. Llama la atención, hace pensar.

1/ Lo demuestro con un ejemplo. Explique por qué una de estas dos posibles introducciones es más efectiva que la otra:

"Jeremías era uno de los profetas que vivía en el séptimo siglo antes de Cristo. Predicó en Judá, el Reino del sur, y su ministerio se extendió durante cinco reinados, un período de cuarenta años. Pueden leer acerca de su trasfondo en 2 Reyes 22–25 y 2 Crónicas 34–36."

"Seguramente el hombre sobre el cual vamos a pensar ahora les hubiera caído mal a muchos de ustedes. Porque mezclaba su religión con la política."

Sugiero dos pautas principales para una buena introducción.

- Es un puente. Crea una relación entre el tema, y los oyentes. Por esta razón, utilizar un cuento, una experiencia o un chiste para "despertar" a la gente no conviene a menos que tenga una relación directa con el tema. Si no, distrae.
- Es un aperitivo. Crea interés en escuchar lo que sigue. En un sentido, responde a la pregunta: "¿Por qué lo debo escuchar?"

2/ Indique si las siguientes introducciones son buenas o malas, y dé sus razones.

a/ "Estoy contento que el hermano González me invitó a compartir esta reunión con ustedes, aunque me costó mucho pensar en el tema adecuado. Por fin, revisando mis papeles, encontré este mensaje que creo..."

b/ "¿Escucharon el caso del pastor Pérez en los noticieros? Es frustrante porque la gente nos tilda a todos por igual... pero ¿qué vamos a hacer?

Bueno, hoy vamos a pensar en el tema de las oraciones que Dios no contesta..."

c/ Esta semana me llamó la atención un artículo que decía que fácilmente el 50% de la gente siente o ha sentido en algún momento, la soledad. Esto quiere decir que muchos de ustedes, hoy, se sienten solos. ¿Es inevitable? ¿Hay respuesta? Vamos a pensar juntos en lo que implica esto para nosotros..."

d/ De la consulta teológica en Lima el año pasado publicaron una declaración sobre la iglesia que describe bien la problemática de muchas iglesias de América Latina. ¿Por qué crecen algunas congregaciones pero otras no? ¿Cuáles son los factores mínimos para que una iglesia sea sana y crezca. Vamos a ver algunas pautas bíblicas..."

e/ Vamos a abrir nuestras Biblias en el libros de Romanos. Nuestro pasaje es el capítulo 12, versículos 1 a 8..."

3/ Prepare una introducción para:
a/ el tema: La integridad y la vida cristiana.

b/ también una introducción para el pasaje bíblico: 1 Corintos 10:23–33

Conclusión

Para muchos, es más fácil comenzar que terminar. Seguramente todos hemos escuchado al predicador que terminó con su tema, pero que sigue dando vueltas sobre lo mismo sin saber cómo concluir. Si la introducción es como una flecha que dirige la atención del oyente hacia el tema, entonces la conclusión es como una flecha (corta) que apunta hacia atrás para destacar lo que se ha dicho sobre el tema. Puede tener muchas formas, como por ejemplo:

Un desafío, un llamado a la acción basado en el mensaje. Debe ser claro, específico y alcanzable para los oyentes. Hechos 2:37 y 38 nos da un buen ejemplo:

—Hermanos ¿qué debemos hacer?
Pedro les contestó:
—Vuélvanse a Dios y bautícese cada uno en el nombre de Jesús...

Un resumen final. Es rematar, con *muy* pocas palabras, el punto principal que quería comunicar a los oyentes. Un buen ejemplo sería la conclusión del sermón de Pedro en Hechos 10:34–43.

Una ilustración. Una experiencia o testimonio que demuestra con claridad el principio del tema es inolvidable. Seguramente los oyentes olvidarán la charla... pero no la ilustración. La terminación del Sermón del Monte (Mateo 7:24–29) es un ejemplo excelente.

Una pregunta. Una pregunta que les haga reflexionar sobre el tema y elaborar su propia respuesta frente a la Palabra de Dios.

En todo caso, la conclusión debe:

♦ reflejar el cuerpo del sermón.
♦ tener relación con los oyentes.
♦ ser breve, precisa.

4/ Prepare una conclusión adecuada para una charla sobre:
a/ el tema: "La libertad cristiana".

b/ prepare también una conclusión para el pasaje bíblico: Romanos 14:13–23

Vamos a terminar combinando la lección anterior y ésta. Conviene repasar las secciones pertinentes antes de hacer el ejercicio.

a – Preparar una introducción
b – Seleccionar de pasaje (s)
c – Leer
d – Examinar el contenido
e – Encontrar la idea central
f – Ordenar
g – Preparar una conclusión

Por supuesto, los pasos (b) y (e) dependen si el trabajo es con un tema o con un pasaje en particular.

5/ Prepare, entonces, estos mismos elementos principales para una charla sobre el tema: "Por qué debemos ofrendar"

Tarea para la próxima sesión

Prepare, como práctica para la próxima sesion los mismos elementos de la pregunta 5 sobre el pasaje: 2 Corintios 2:14–17

Práctica de la tarea anterior

De nuevo conviene tener un pizarrón para poder comparar los resultados.

5 - Exposición

Si tenemos el mensaje más importante del mundo, pero no sabemos cómo comunicarlo, no sirve de nada. Todos hemos tenido la experiencia de escuchar a un predicador que, por su manera de presentar un tema, distrae completamente a sus oyentes. Se puede resumir esta lección con una sola frase:

¡Eliminar todo lo que distrae!

Queremos ser una ventana por la cual la gente vea la verdad de Dios y no un pedazo de vidrio sucio que la oculta.

La voz

Aquí la regla es claridad. No hace falta gritar. Personalmente, cuando el predicador me grita ya no lo escucho más. Es cierto que generalmente es necesario elevar la voz, pero solamente lo suficiente como para que las personas en los últimos asientos nos puedan oir. Por supuesto, si hay micrófonos y un buen amplificador, ni eso hace falta.

El otro extremo, por supuesto, es mascullar. No–se–entiende–el–predicador–que–habla–para–sí–mismo. Muchas veces, cuando nos sentimos un poco nerviosos, hablamos demasiado rápidamente. Pero si queremos que la gente nos entienda, no hay apuro. Muchas veces cuando he preparado una charla, escribí "LENTO" en letra roja en la primera página de mis apuntes.

No hay que tener miedo de los momentos de silencio, especialmente entre las partes principales de nuestra presentación. Sirven como el "fin de párrafo" en la lectura. Dan un momento a los oyentes donde pueden asimilar lo que han escuchado.

Una gran ayuda es pedir a un amigo que lo grabe durante alguna charla. Escucharnos a nosotros mismos normalmente revela fallas que no podremos notar de otra manera.

Hábitos

Todos tenemos nuestros hábitos inconscientes. En una conversación normal, no tienen mucha importancia, pero desde el púlpito distraen. Dos ejemplos.

Los "porteños" de Buenos Aires tienen la tendencia de salpicar todo lo que dicen con "este..." El que escucha tiene que luchar contra la tentación de contar cuántas veces un predicador con ese hábito lo dice. Distrae.

Pero hace poco escuché a otro que llenó su sermón con "¿No es cierto?", y hay predicadores de tendencia pentecostal que hacen lo mismo con "¡Gloria a Dios!". De nuevo, el grabador revela si inconscientemente tenemos esa clase de hábito.

O el hábito puede ser un movimiento de manos, como por ejemplo, rascarse la nariz, o frotarse las manos. Vemos estas cosas fácilmente en otros; nos cuesta verlas en nosotros mismos.

En resumen, la mejor regla es simplemente ser uno mismo. Hablar como hablamos con un amigo. Sin posturas, o máscara de predicador. Asumir la "voz y postura de predicador" es falsedad, y el joven que imita a un predicador mayor es poco convincente.

Postura

Aun la posición de nuestro cuerpo es importante. El predicador que se apoya sobre el púlpito da la impresión de que aun él mismo está aburrido con lo que dice.

¿Qué hacer con las manos? Pues, no conviene meterlas en los bosillos... transmite una actitud descuidada. Si ustedno sabe qué hacer con ellas, lo mejor es apoyarlas en el púlpito, y usarlas cada tanto —con moderación— en los gestos apropiados.

Debemos mirar a la gente. No hablar con la cabeza agachada mirando los apuntes. Ni tampoco mirando al techo o por la ventana. Lo mejor es mirar a la gente, como si fuera una conversación personal con ellos. Si lo pone nervioso hacer contacto con los ojos de las personas, entonces una alternativa es mirar a varios puntos de la habitación *entre* personas.

Conclusión

Regreso a lo que dije al principio. Nuestra tarea es "eliminar todo lo que distrae" para que los oyentes escuchen la voz de Dios en vez de ocuparse de nuestros hábitos. También aquí conviene mencionar el tema de la vestimenta. Cuando uno habla en un grupo no muy conocido, siempre conviene averiguar primero su costumbre en cuanto a ropa. Si un buen porcentaje viene bien vestido, entonces conviene hacer lo mismo. Pero si la costumbre es venir a la reunión con ropa informal, entonces distrae si usted aparece vestido muy formalmente.

Tarea para la próxima sesión

La tarea para la próxima sesión del grupo es preparar una charla corta, de 15 minutos *máximo*. Puede basarse en un tema o un pasaje seleccionado por usted. Por supuesto, tendrá que elegir su tema con cuidado para que no sea demasiado largo y hacer un desarrollo adecuado en sólo 15 minutos.

El grupo hará una evaluación de su presentación según las pautas indicadas a continuación. Si no ha escuchado su propia voz todavía, conviene tener un grabador presente.

Pautas para la evaluación

Recuerden que la evaluación debe ser *positiva*, crítica constructiva. El propósito no es mostrarle todos sus errores, sino ayudarle a hacer una presentación mejor la próxima vez.

1 – La introducción. ¿Llevó a los oyentes hacia el tema? ¿Despertó el interés?

2 – El desarrollo del tema. ¿Su presentación fue ordenada, fácil de seguir? ¿Hubo "baches" en su presentación, algo que tenía que haber dicho para aclarar o completar lo que dijo?

3 – Lenguaje. ¿Utilizó un lenguaje accesible a todos? ¿Hubo ilustraciones? Si utilizó términos bíblicos, ¿los explicó adecuadamente?

4 – Enfoque. ¿Pueden decir, en muy pocas palabras, la esencia del mensaje?

5 – Presentación. ¿Notaron distracciones causadas por el uso de su voz o hábitos? ¿Habló demasiado rápido?

6 – Conclusión. ¿Pudo terminar sin dar demasiadas vueltas? ¿La conclusión fue satisfactoria, es decir, realmente cerró el tema?

7 – Tiempo. ¿Terminó en los 15 minutos? Falta de tiempo implica falta de preparación.

Práctica de la tarea anterior

No olviden comprarar los resultados de su tarea anterior.

6 - Ilustraciones y audiovisuales

Seguramente alguna vez escuchó el dicho:

"Una buena ilustración vale mil palabras."

Es un principio que los educadores modernos destacan: recordamos las cosas que vemos, mucho mejor que las que oímos. Nos acordamos de la ilustración que el predicador utilizó el domingo pasado, aunque casi todo lo que dijo ya escapó de nuestra memoria.

Nuestro mejor ejemplo en esto es el mismo Señor Jesucristo. Sus enseñanzas están llenas de parábolas, de ilustraciones. Marcos va al extremo de decir "Pero no les decía nada sin parábolas, aunque a sus discípulos se lo explicaba todo aparte" (Marcos 4:34).

Y es fácil imaginarlo, contando alguna parábola con un objeto como ilustración en la mano.

Vamos a considerar cuatro áreas amplias de ilustraciones.

Cuentos, ilustraciones, experiencias

Un buen cuento "pega" bien. Por supuesto no es algo que podemos "ver", sin embargo, visualizamos el cuento en nuestra imaginación. Nos dibuja un cuadro con palabras. Más que palabras, quedan imágenes en nuestra memoria. Podremos recordar con mucha claridad escenas que hemos visto hace años: lugares, personas, pero difícilmente podremos recordar con esa precisión el contenido de una conversación... aun después de un solo día.

Sugiero dos pautas en cuanto al uso de cuentos. *Primero*, debemos ser actuales, reales. Tal vez tomando un ejemplo de un artículo que vimos en el periódico o de una experiencia que hemos tenido personalmente. No conviene tomar una ilustración de un libro de ilustraciones para predicadores. Normalmente son antiguas, trilladas y lejos de nuestra realidad. No hace que mucho escuché a un predicador que habló de "una muchacha que caminaba por las calles de

Londres..." Completamente fuera de contexto. *Segundo,* la ilustración debe estar bien relacionada con el tema. Las parábolas de Jesús ofrecen un buen modelo. La parábola sola muchas veces nos deja con preguntas, pero cuando se utiliza la parábola para echar luz sobre una verdad, explicándola, entonces verdaderamente ilumina. El peligro de una ilustración que tenga poca relación con la verdad que queremos comunicar es que los oyentes puedan recordar la ilustración pero no la verdad que queremos destacar.

Objetos, "cosas"

Las parábolas de Jesús a menudo tuvieron como tema central un objeto: la sal, una lámpara, una flor, una piedra, un fruto, etc. y, posiblemente, muchas veces habrá contado la parábola con el objeto en la mano.

Seguramente es más difícil inventar esta clase de ilustración que la anterior. Encontrar un objeto que pueda servir de ilustración *pertinente* requiere mucha imaginación.

Supongamos que deseamos hablar acerca de la realidad interior de la persona, en contraste con su apariencia. Tres posibles objetos que lo puedan ilustrar son:

* Una revista, con foto agradable en la tapa. Pero al abrirla, se encuentra con la foto de una cara horrible.
* El envoltorio de un caramelo o alfajor suficientemente grande como para ser bien visible a todos. Ponga un bloque de madera adentro anteriormente. Ofrecerlo a la gente, y dárselo a una persona para que lo abra.
* Una linterna con unos trapos sucios adentro. Al prender la linterna como para ilustrar la luz de la vida, no va a funcionar. Se la abre, y está llena de trapos sucios...

Son cosas simples, y muchas veces nos da vergüenza utilizar objetos con un grupo de adultos. ¡Pero los recuerdan! Olvidan nuestras palabras, pero no la ilustración.

El pizarrón, afiches

Aunque pocas iglesias tienen un buen pizarrón disponible, casi siempre será posible colocar un papel afiche para utilizar mientras uno habla. Con un marcador grueso se puede anotar palabras, un diagrama o un bosquejo simple mientras se va desarrollando el mensaje. No muchas palabras. Es mejor escribir algo simple, con letras bien visibles para todos, que algo complicado.

Aun escribiendo "las cinco palabras claves" (o las que sean necesarias) del discurso ayudará al grupo a grabar lo esencial de su mensaje. Piense en cómo ilustrar su charla con un gráfico sencillo. Un dibujo —elemental— junto con unas pocas palabras claves crea una ayuda para la memoria.

Retroproyector

Aunque cada vez más iglesias tienen un retroproyector para proyectar las canciones durante el tiempo de alabanza, muy pocas reconocen su valor en la enseñanza y la predicación.

El algunos países han desarrollado una técnica ágil. El predicador, mientras prepara su mensaje, a la vez prepara una serie de láminas con dibujos, diagramas, palabras y frases claves. Mientras habla, va colocando estas láminas en el retroproyector. Así la gente no solamente escucha, sino también ve el mensaje.

O también algunos traen sus láminas "semi–preparadas", y con un marcador lavable agregan detalles a las láminas mientras hablan.

Vivimos en un mundo cada vez más "audio–visual". La gente se acostumbra a ver, no solamente a escuchar. Y el predicador que es solamente "una cabeza que habla", necesita ser muy bueno para no perder la atención de sus oyentes.

Agregar un elemento visual a nuestros mensajes está al alcance de todos, y al hacerlo, hacemos un bien a la gente que nos escucha.

Tarea para la próxima sesión

Prepare un mensaje para la próxima sesión del grupo, de sólo *diez* minutos, utilizando algún medio visual. Puede ser un objeto, un afiche o el retroproyector, pero de todas maneras, visible.

El grupo debe evaluar su mensaje en base a las mismas pautas que utilizamos en la lección anterior. Solamente se debe agregar lo siguiente:

- ¿La ilustración era apropiada? Es decir, ¿aumentó la comprensión del mensaje y sirvió para ayudar a los oyentes a recordarlo?
- Si utilizó afiches o un retroproyector, ¿la ilustración era bien visible y comprensible para los oyentes?

Práctica de la tarea anterior

No olviden que la charla debe ser un *máximo* de 15 minutos, y que la evaluacion debe ser *positiva*, una ayuda para que pueda hacer una presentación mejor la próxima vez.

Limitarla a 15 minutos va a ser difícil para algunos, pero es una disciplina importante.

7 - Cuatro contextos diferentes

Las situaciones en que podemos tener que hablar frente a un grupo pueden variar mucho. Y, obviamente, la clase de charla que damos en una situación no es necesariamente adecuada en otra. Por ejemplo, mi presentación para un grupo de jóvenes no creyentes tiene que ser diferente en todo sentido a lo que haría con la clase de adultos de la iglesia.

Vamos a considerar los rasgos principales de cuatro clases generales de posibles charlas. Por supuesto, la mayoría de las pautas que hemos visto en los estudios anteriores se aplican a las cuatro. Sin embargo, cada una tiene características particulares que debemos tomar muy en cuenta.

1 – La evangelización

He escuchado a pocos predicadores que pueden realmente comunicarse con personas no creyentes. ¿Por qué? Simplemente porque casi todos hablan un "lenguaje evangélico", como si fuera para personas que ya conocen la Biblia y la fe cristiana.

Realmente la evangelización es todo un tema en sí mismo, y ahora solamente mencionaré tres consejos.

Usar lenguaje común. Es decir, lenguaje "de la calle". No hay conceptos de nuestra fe evangélica que no se pueden expresar en un lenguaje sencillo, conocido. Por supuesto, para lograrlo es necesario trabajar... pensar y experimentar con palabras y frases. "...si no usan su lengua para pronunciar palabras que se puedan entender, ¿cómo va a saberse lo que están diciendo? ¡Le estarán hablando al aire! (1 Corintios 14:9)

No "predicar" a ellos. Ya hablamos de esto. Pero es especialmente importante en la evangelización. No vamos a convencer mejor a la gente si les gritamos o si nos hacemos los grandes oradores. La tarea no es tirarles el mensaje en la cara.

Note bien la descripción que hace Pablo de sí mismo como predicador en 1 Corintios 2:1–5. Es el mensaje de Cristo que convence, no nuestra capacidad como predicadores. Lo mejor es hablar con un estilo personal, de persona a persona, con transparencia. Somos los mendigos que hemos encontrado pan, y deseamos explicar a otros mendigos cómo ellos también pueden encontrar ese pan. **No confundir con la Biblia.** ¿Cómo?.. ¿no es la Palabra la que convence? Sí, pero si comenzamos a hablar de Jonás o de Ezequiel, o si leemos un pasaje del cual la mayoría no tiene el mínimo conocimiento, fácilmente los confundimos.

Para una charla de evangelización hay que seleccionar con cuidado el tema y los pasajes bíblicos. La regla es simple: casi seguro que las personas nuevas van a conocer muy poco de la Biblia o de la fe cristiana. Hay que partir de esa base.

El cuaderno "La evangelización en pequeños grupos" (Ediciones Crecimiento Cristiano) tiene unos consejos buenos para la comunicación del evangelio (especialmente los capítulos 3, 6 y 7).

2 – La exposición

Usamos la palabra "exposición" en su sentido técnico como una clase de predicación. Es tomar un pasaje de la Biblia, explicarlo, interpretarlo y aplicarlo a la vida. No es leer un pasaje y luego hablar de un tema basándose en una palabra o una porción parcial de él. Es intentar comunicar el mismo mensaje que el autor del libro nos comunica.

La exposición pública de las Escrituras es una de las tareas más importantes de la iglesia. Hay muchas iglesias que tienen esta forma sistemática de explicar el mensaje de Dios como su forma principal de predicación. Comienzan con el primer versículo de un libro y lo analizan hasta el último versículo.

Ya sabemos que la Palabra de Dios es nuestro alimento espiritual. Como iglesia necesitamos enfrentarla constantemente. La exposición tiene gran valor porque va progresando sistemáticamente, tocando *todos* los temas que encuentra. Normalmente en la predicación de temas libres, hay una cantidad importante de tópicos que nunca tocamos.

Por supuesto, cualquiera de nosotros podemos elegir un pasaje de la Biblia y explicarlo, pero la exposición sistemática de un libro requiere el don de Dios, el de maestro. Es exigente, y demanda una capacidad especial de explicar la verdad de Dios con claridad y aplicarla a nuestra situación actual.

Mucho de lo que hemos visto en los estudios anteriores se aplica a la exposición. Pero recomiendo especialmente la guía de estudio "Estudio bíblico" de la Serie Madurez como una ayuda para este tema.

3 – La profecía

Uso la palabra "profecía" aquí en el sentido de 1 Corintios 14:3 y 4b. Es un mensaje dirigido específicamente a una necesidad de la congregación. Puede ser una advertencia, una consolación, una exhortación o algo para animar a los hermanos. Es, como dice Pablo en los versículos citados anteriormente, un mensaje que ayuda a la iglesia en su crecimiento.

Muchas de las predicaciones que escuchamos están en esta categoría. Pero también muchas predicaciones toman como tema lo que le interesa al predicador y no necesariamente lo que necesita la congregación.

La "profecía" requiere una doble sensibilidad. Por ejemplo, sensibilidad hacia la congregación. Como se dice, debemos "rascar donde pica". ¿Qué problemas enfrentan los hermanos, qué visión deben tener, en qué necesitan ser animados, o exhortados? El mensaje de "profecía" habla directamente a los hermanos.

Pero a la vez necesitamos ser muy sensibles al Espíritu de Dios, porque la profecía es, esencialmente, un mensaje de parte de Dios. ¿Qué quiere decir el Señor a su pueblo? ¿Cuál sería una palabra de Dios frente a esta necesidad que veo en los hermanos?

Casi no hace falta decir que la vida del "profeta" tiene que corresponder a su mensaje. La autoridad del que profetiza está en una vida íntegra, un mensaje respaldado por una vida de obediencia a Dios.

Y tampoco debe ser necesario decir que profetizar no es "dar palos" a los hermanos. Si hay problemas de conducta o disciplina en la congregación, hay maneras bíblicas de tratarlos, y el púlpito no es el lugar adecuado.

4 – Conversación en grupo

Tal vez extrañe un poco la inclusión de esta categoría en un cuaderno sobre la predicación. Pero ésta es una de las formas más importantes de comunicar la verdad de Dios. Personalmente, creo que la exposición bíblica combinada con un buen programa de trabajo en grupos es la receta ideal para una iglesia.

¿Qué es la "conversación en grupo"? En vez de simplemente hablar, o enseñar al grupo, uno trata de ayudarlos a ellos a aprender. Es estimularlos a leer, a buscar, a pensar. Es animarlos a comunicar verbalmente lo que encuentran en el estudio. Es un "diálogo dirigido", donde todos participan, pero el coordinador tiene un plan de trabajo bien pensado y guía al grupo hacia una meta específica.

Hay mucho que podríamos decir sobre el tema, pero mejor recomiendo dos estudios que presentan bien la metodología. Uno es el "Curso de capacitación para guías de estudio", y el otro es "La evangelización en pequeños grupos", ambos de la Serie Capacitación. Los dos, a su manera, tratan la dinámica de grupo, sus ventajas, sus peligros y da buenas pautas en cuanto a cómo coordinar un grupo efectivamente.

Tarea para la próxima sesión

Su última tarea: prepare un mensaje de 15 minutos como máximo dentro de uno de estos cuatro estilos. Debe estar bien ubicado dentro del estilo para que sirva de ejemplo de esa clase de mensaje.

Luego, el grupo debe evaluar el mensaje según las mismas pautas que hemos utilizado hasta ahora. Pero además, debe incluir esta última: si el mensaje realmente se encuadra dentro del estilo anunciado, y por qué.

Práctica de la tarea anterior

De nuevo, es importante limitar el mensaje a 10 minutos... aunque parece imposible para algunos,. La evaluación, como siempre, debe ser positiva... una ayuda para mejorarse.

Conclusión

Cuentan que un viejo predicador habló en una iglesia y, como siempre, dio un mensaje excelente.

Después de la reunión, un joven, aspirante a predicador, le preguntó al viejo: "¿Cuánto tiempo necesita para preparar un sermón como éste?"

La respuesta fue sencilla: "Toda la vida, joven, toda la vida."

Sí, un cuaderno como éste no le hará un buen predicador. La tarea de comunicar la verdad de Dios a otros es una de las más importantes que uno pueda asumir, pero justamente por esta razón, tendrá que ir preparándose durante toda la vida.

Busque buenos libros. Escuche atentamente a los buenos predicadores. Analice el por qué de los predicadores "pobres".

Que el Señor le ayude a ser "un trabajador aprobado que no tiene de qué avergonzarse, que enseña debidamente el mensaje de la verdad. (2 Ti 2:15).

Práctica de la tarea anterior

Esta vez la sesión se limita a la práctica. Fíjense bien en las pautas de evaluación.

Como utilizar este cuaderno

Estos cuadernos son guías de estudio, es decir, su propósito es guiarle a usted para que haga su propio estudio del tema o libro de la Biblia que desarrolla este material. El cuaderno propone un diálogo. En él introducimos el tema, sugerimos cómo proceder con la investigación, comentamos, pero también preguntamos. Los espacios después de las preguntas son para que usted anote su respuesta a ellas.

Esperamos que, por medio del diálogo, le ayudemos a forjar su propia comprensión del tema. No de segunda mano, como cuando se escucha un sermón, sino como fruto de su propia lectura e investigación.

¿Cómo hacer el estudio?

1 - Antes de comenzar, ore. Pida ayuda a Dios que le hable y le dé comprensión durante su estudio.

2 - Se deben leer los pasajes bíblicos más de una vez y preguntarse: ¿Qué dice el autor? Aunque muchos utilizan la versión Reina-Valera de la Biblia, conviene tener otra versión o versiones disponibles para comparar los pasajes entre las dos. La "Versión popular" y la "Nueva versión internacional" le pueden ayudar a ver el pasaje con más claridad.

3 - Siga con la lectura de la lección. Responda lo mejor que pueda a las preguntas.

4 - Evite la tendencia de "apurarse para terminar". Es mejor avanzar lentamente, pensando, preguntando, aclarando.

En grupo

El estudio personal es de mucho valor pero se multiplican los beneficios si lo acompaña con el estudio en grupo. "Un grupo de hasta 8 personas es lo ideal".

Pero, puede ser que por diferentes motivos el grupo esté formado por usted y una persona más, aun así, es mejor que estudiar solo.

En realidad, estos cuadernos han sido diseñados con ese motivo: estimular el estudio en células, en grupos pequeños. La manera de hacerlo es fácil:

1 - Usted hace en forma personal una de las lecciones del cuaderno. Aun cuando pueda haber cosas que no entienda bien, haga el mayor esfuerzo posible para completar la lección.

2 - Luego se reúne con su grupo. En el grupo comparten entre todos las respuestas de cada pregunta. Puede ser que no tengan las mismas respuestas, pero comparando entre todos las van aclarando y corrigiendo.

Es durante este compartir semanal de una hora y media, este diálogo entre todos, donde se encuentra la verdadera riqueza y que nos provee esta forma de estudio.

3 - Evite salirse del tema. El tiempo es oro, y lo más importante es enfocar todo el esfuerzo del grupo en el tema de la lección. Luego, pueden dedicar tiempo para conocerse más y tener un rato social.

4 - Participe. Todos deben participar. La riqueza del trabajo en grupo es justamente eso.

5 - Escuche. Hay una tendencia de apurar nuestras propias opiniones sin permitir que el otro termine. Vamos a aprender de cada uno, aun de los que, según nuestra opinión, están equivocados.

6 - No domine la discusión. Puede ser que usted tenga todas las respuestas correctas, sin embargo es importante dar lugar a todos, y estimular a los tímidos a participar. No se trata de sobresalir, sino de compartir aprendiendo juntos.

Si en el grupo no hay una persona con experienca en coordinarlo, se puede encontrar ayuda para dirigir un grupo en:

Nuestra página web, www.edicionescc.com. La sección "Capacitación" ofrece una explicación breve del método de estudio.

En las últimas páginas de nuestro catálogo se ofrece también una orientación.

El cuaderno titulado "Células y otros grupos pequeños" es un curso de capacitación para los que desean aprender cómo coordinar un grupo.

Hay algunas guías que disponen de un cuaderno de sugerencias para el coordinador del grupo.

Finalmente diremos que las guias no contienen respuestas a las preguntas ya que el cuaderno es exactamente eso, "una guia", una ayuda para estimular su propio pensamiento, no un comentario ni un sermón. Le marcamos el camino, pero usted lo tiene que seguir.

Que el Señor lo acompañe en esta tarea y si necesita ayuda, comuníquese con nosotros. Estamos para servirle.

Se terminó de imprimir en
Talleres Gráficos de
Ediciones CC
Córdoba 419 - Villa Nueva, Pcia de Córdoba
Enero de 2014
IMPRESO EN ARGENTINA

www.ingramcontent.com/pod-product-compliance
Lightning Source LLC
Chambersburg PA
CBHW060627030426
42337CB00018B/3239